DAS GRÖSSTE GLÜCK MEINES LEBENS IST, DASS ICH DICH LIEBE.

UBUNTU

LIEBE

AUS DEM ENGLISCHEN VON RITA SEUSS

KNESEBECK

ICH LIEBE DICH
NICHT NUR FÜR DAS, WAS DU BIST,
SONDERN AUCH FÜR DAS, WAS ICH BIN,
WENN ICH BEI DIR BIN.

ICH LIEBE DICH
NICHT NUR FÜR DAS,
WAS DU AUS DIR GEMACHT HAST,
SONDERN AUCH FÜR DAS,
WAS DU AUS MIR MACHST.

ICH LIEBE DICH,
WEIL DU ZUM VORSCHEIN BRINGST,
WAS IN MIR IST.

Roy Croft

EIN LIEBENDES HERZ IST DER ANFANG ALLEN WISSENS.

Thomas Carlyle

New York City, USA { Folgende Doppelseite: Sevilla, Spanien }

LIEBE IST DAS GRÖSSTE, WAS ES GIBT ...
FÜR SIE LOHNT ES SICH WIRKLICH ZU KÄMPFEN,
TAPFER ZU SEIN UND ALLES ZU RISKIEREN.

Erica Jong

Sydney, Australien { Folgende Doppelseite: Paris, Frankreich }

Mallorca, Spanien

SIEH DA, MEINE GELIEBTE, MEINE FREUNDIN.

Das Hohelied Salomos

Riga, Lettland

Hongkong, China

Teheran, Iran

INNIG GELIEBT ZU WERDEN SCHENKT KRAFT,
INNIG ZU LIEBEN SCHENKT MUT.

Laotse

Paris, Frankreich { Folgende Doppelseite: Lincolnshire, England }

New York, USA { Folgende Doppelseite: Gobabis, Namibia }

LIEBEN UND GELIEBT ZU WERDEN HEISST,
DIE SONNE VON HINTEN UND VON VORNE ZU SPÜREN.

David Viscott

STUDEBAKER

München, Deutschland

ES IST MERKWÜRDIG, ABER ERST WENN JEMAND
LÄCHERLICH AUSSIEHT, ERKENNT MAN, WIE SEHR MAN IHN LIEBT.

Agatha Christie

DER KUSS IST DIE SPRACHE DER LIEBE.

Havanna, Kuba

ERGREIFE JEDEN AUGENBLICK DES GLÜCKS,
LIEBE UND WERDE GELIEBT.

Lew Tolstoi

Scarborough, England { Folgende Doppelseite: Budapest, Ungarn }

2
2

St. Michel, Frankreich

EIN LIEBENDES HERZ BLEIBT EWIG JUNG.

Griechisches Sprichwort

Kaiserslautern, Deutschland

Verbotene Stadt, Peking, China { Folgende Doppelseite: Rom, Italien }

LIEBE IST, WENN ZWEI MENSCHEN
IN DER MITTE EINER BANK SITZEN, OBWOHL RECHTS
UND LINKS NOCH JEDE MENGE PLATZ IST.

Shkodra, Albanien { Folgende Doppelseite: Kurbad Széchenyi, Budapest, Ungarn }

EIN LÄCHELN ZAUBERT EIN LÄCHELN UND
LIEBE ZAUBERT LIEBE HERVOR.

WAS DAS HERZ SCHENKT, GEHT NIE VERLOREN ...
ES BLEIBT IN DEN HERZEN ANDERER.

Robin St. John

WIR MÜSSEN NICHT AUF GLEICHE WEISE DENKEN,
UM AUF GLEICHE WEISE ZU LIEBEN.

Francis David

Reading, England { Folgende Doppelseite: Buñol, Spanien }

Florenz, Italien { Folgende Doppelseite: Burford, England }

SCHÖNHEIT IST DIE WIRKLICHKEIT, GESEHEN MIT LIEBENDEN AUGEN.

Evelyn Underhill

Jane reenoff
A HER
B ST!
Flower Fragment
CROSS STITCH
Antique
Style
Antique
SALE
st January
eedlewor kits
ing yarn

NUN SCHLAFE, LIEBE, GELIEBT VON MIR,
DENN ICH KENNE DIE LIEBE, DIE KOMMT VON DIR.

Robert Browning

Stouffville, Ontario, Kanada

DIE LIEBE MACHT UNS FREI.

Bild- und Textnachweis

»Liebe ist das Größte, was es gibt ... Für sie lohnt es sich wirklich zu kämpfen, tapfer zu sein und alles zu riskieren« von Erica Jong mit freundlicher Genehmigung. »Was das Herz schenkt, geht nie verloren ... Es bleibt in den Herzen anderer« aus *Love Coupons for Kids* von Robin St. John mit freundlicher Genehmigung von Hallmark Licensing, Inc. Alle Rechte vorbehalten. »Lieben und geliebt zu werden heißt, die Sonne von hinten und von vorne zu spüren« von David Viscott, © 1974, mit freundlicher Genehmigung von Harper Collins Publishers. »Es ist merkwürdig, aber erst wenn jemand lächerlich aussieht, erkennt man, wie sehr man ihn liebt« aus *An Autobiography* von Agatha Christie, © 1977 Agatha Christie Ltd. A Chorion Company. Alle Rechte vorbehalten.

Abdruck der Fotos mit freundlicher Genehmigung der folgenden Rechteinhaber: S. 17, 36, 52–53, 55 Copyright © AP Photo; S. 15, 20–21, 34, 51 Copyright © Axiom; S. 8–9, 24–25, 26, 28, 31, 32–33, 35, 47, 48–49, 59, 60 Copyright © CORBIS; S. 12, 19, 30, 37, 42, 50, 56–57, Umschlagabbildung hinten Copyright © Getty Images; Umschlagabbildung vorn und S. 11, 38–39 Copyright © Oculi; S. 16, 44–45 Copyright © Panos Pictures; S. 7, 18, 23, 40–41 Copyright © Redux

Bibliografische Information Der Deutschen Nationalbibliothek
Die Deutsche Nationalbibliothek verzeichnet diese Publikation in der Deutschen Nationalbibliografie; detaillierte bibliografische Daten sind im Internet unter http://dnb.d-nb.de abrufbar.

Titel der Originalausgabe: *The Love We Share*
Erschienen bei PQ Blackwell Limited, 116 Symonds Street, Auckland, Neuseeland, 2008

Deutsche Erstausgabe

Ein Unternehmen der La Martinière Groupe

Gestaltung: Carolyn Lewis
Umschlaggestaltung: Leonore Höfer
Satz: satz & repro Grieb, München
Druck: 1010 Printing International
Printed in China

ISBN 978-3-89660-511-5

www.knesebeck-verlag.de